# 北大名师讲科普系列
## 编委会

编委会主任： 龚旗煌
编委会副主任： 方　方　马玉国　夏红卫
编委会委员： 马　岚　王亚章　王小恺　汲传波
　　　　　　 孙　晔　李　昀　李　明　杨蕙璇
　　　　　　 陆　骄　陈良怡　陈　亮　郑如青
　　　　　　 秦　蕾　景志国

丛书主编： 方　方　马玉国

## 本册编写人员

编　　著： 吕　植
核心编者： 刘铭玉　杨铭媚
其他编者： 于　璇　栾　斌　赵　春　阎　菲
　　　　　 李　静　冀　静

北大名师讲科普系列
丛书主编　方方　马玉国

北京市科学技术协会
科普创作出版资金资助

# 探知无界
# 人与自然的共生之道

吕植　编著

北京大学出版社

图书在版编目（CIP）数据

探知无界．人与自然的共生之道 / 吕植编著 . 北京：北京大学出版社，
2025. 1. -- （北大名师讲科普系列）. -- ISBN 978-7-301-35705-7

Ⅰ . Z228.2；X171.4-49

中国国家版本馆 CIP 数据核字第 2024W15A92 号

| | |
|---|---|
| 书　　　名 | 探知无界：人与自然的共生之道<br>TANZHI WUJIE：REN YU ZIRAN DE GONGSHENG ZHI DAO |
| 著作责任者 | 吕　植　编著 |
| 丛 书 策 划 | 姚成龙　王小恺 |
| 丛 书 主 持 | 李　晨　王　璠 |
| 责 任 编 辑 | 巩佳佳 |
| 标 准 书 号 | ISBN 978-7-301-35705-7 |
| 出 版 发 行 | 北京大学出版社 |
| 地　　　址 | 北京市海淀区成府路 205 号　100871 |
| 网　　　址 | http://www.pup.cn　　新浪微博：@ 北京大学出版社 |
| 电 子 邮 箱 | 编辑部 zyjy@ pup.cn　总编室 zpup@ pup.cn |
| 电　　　话 | 邮购部 010-62752015　发行部 010-62750672　编辑部 010-62704142 |
| 印 　刷 　者 | 北京九天鸿程印刷有限责任公司 |
| 经 　销 　者 | 新华书店 |
| | 787mm × 1092mm　　16 开本　　7.5 印张　　77 千字<br>2025 年 1 月第 1 版　2025 年 1 月第 1 次印刷 |
| 定　　　价 | 48.00 元 |

未经许可，不得以任何方式复制或抄袭本书之部分或全部内容。
版权所有，侵权必究
举报电话：010-62752024　电子邮箱：fd@pup.cn
图书如有印装质量问题，请与出版部联系，电话：010-62756370

# 总　序

龚旗煌

（北京大学校长，北京市科协副主席，中国科学院院士）

　　科学普及（以下简称"科普"）是实现创新发展的重要基础性工作。党的十八大以来，习近平总书记高度重视科普工作，多次在不同场合强调"要广泛开展科学普及活动，形成热爱科学、崇尚科学的社会氛围，提高全民族科学素质""要把科学普及放在与科技创新同等重要的位置"，这些重要论述为我们做好新时代科普工作指明了前进方向、提供了根本遵循。当前，我们正在以中国式现代化全面推进强国建设、民族复兴伟业，更需要加强科普工作，为建设世界科技强国筑牢基础。

　　做好科普工作需要全社会的共同努力，特别是高校和科研机构教学资源丰富、科研设施完善，是开展科普工作的主力军。作为国内一流的高水平研究型大学，北京大学在开展科普工作方面具有得天独厚的条件和优势。一是学科种类齐全，北京大学拥有哲学、法学、政治学、数学、物理学、化学、生物学等多个国家重点学科和世界一流学科。二是研究领域全面，学校的教学和研究涵盖了从基础科学到应用科学，从人文社会科学到自然科学、工程技术的广泛领域，形成了综合性、多元化的布局。三是科研实力雄厚，学校拥有一批高水平的科研机构和创新平台，包括国家重点实验室、国家工程研究中心等，为师生提供了广阔的科研空间和丰富的实践机会。

多年来，北京大学搭建了多项科普体验平台，定期面向公众开展科普教育活动，引导全民"学科学、爱科学、用科学"，在提高公众科学文化素质等方面做出了重要贡献。2021年秋季学期，在教育部支持下北京大学启动了"亚洲青少年交流计划"项目，来自中日两国的中学生共同参与线上课堂，相互学习、共同探讨。项目开展期间，两国中学生跟随北大教授们学习有关机器人技术、地球科学、气候变化、分子医学、化学、自然保护、考古学、天文学、心理学及东西方艺术等方面的知识与技能，探索相关学科前沿的研究课题，培养了学生跨学科思维与科学家精神，激发学生对科学研究的兴趣与热情。

"北大名师讲科普系列"缘起于"亚洲青少年交流计划"的科普课程，该系列课程借助北京大学附属中学开设的大中贯通课程得到进一步完善，最后浓缩为这套散发着油墨清香的科普丛书，并顺利入选北京市科学技术协会2024年科普创作出版资金资助项目。这套科普丛书汇聚了北京大学多个院系老师们的心血。通过阅读本套科普丛书，青少年读者可以探索机器人的奥秘、环境气候的变迁原因、显微镜的奇妙、人与自然的和谐共生之道，领略火山的壮观、宇宙的浩瀚、生命中的化学反应，等等。同时，这套科普丛书还融入了人文艺术的元素，使读者们有机会感受不同国家文化与艺术的魅力、云冈石窟的壮丽之美，从心理学角度探索青少年期这一充满挑战和无限希望的特殊阶段。

这套科普丛书也是我们加强科普与科研结合，助力加快形成全社会共同参与的大科普格局的一次尝试。我们希望这套科普丛书能为青少年读者提供一个"预见未来"的机会，增强他们对科普内容的热情与兴趣，增进其对科学工作的向往，点燃他们当科学家的梦想，让更多的优秀人才竞相涌现，进一步夯实加快实现高水平科技自立自强的根基。

# 目录 CONTENTS

导　语　/ 1

**第一讲 | 人与自然的关系　/ 3**

　　什么是生物多样性？　/ 8
　　人类的发展与生物多样性　/ 18
　　为什么要保护生物多样性？　/ 30

**第二讲 | 有关大熊猫的三个问题　/ 45**

　　大熊猫主要吃竹子，能行吗？　/ 55
　　大熊猫在野外到底会不会繁殖？　/ 64
　　大熊猫是否存在近亲繁殖的问题？　/ 76

第三讲 | 人与自然和谐相处 / 81

    大熊猫濒危的原因 / 85
    我们的行动 / 87
    "熊猫蜂蜜"的故事 / 96
    大熊猫"降级"啦！ / 103

## 导　语

　　非常偶然，我在大三的时候遇到潘文石老师，潘老师在研究大熊猫，而我从小就梦想着要去野外、去大自然，有这样的一种工作甚至生活。大熊猫濒危主要是因为人类占有、破坏大熊猫的栖息地，并且猎杀大熊猫。虽然说大熊猫离大家非常遥远，但是大熊猫所代表的自然跟人的这种关系，在我们的城市生活中也是存在的。我希望通过这本书带领大家了解人与自然关系中的种种问题和可能的解决方案，并且把这样的一个理念带入生活中，观察和思考这样的解决方案有可能是什么，并尽力参与到其中来。

### 想一想

1. 你有没有类似的野外梦、自然梦？你打算怎样去实现？
2. 你喜欢大熊猫吗？你对大熊猫有哪些了解？大熊猫的生存面临哪些威胁？对于大熊猫的保护，你又能做哪些事情？

感兴趣的读者可扫描二维码观看本课程视频节选

第一讲

# 人与自然的关系

| 第一讲 | 人与自然的关系

你是怎样理解生物多样性与生态保护工作的?

你有没有关注过某个珍稀物种?你知道这个物种目前处于怎样的状态吗?

| 探知无界 | 人与自然的共生之道

## ⋮⋮⋮ 什么是生物多样性？

生物多样性这个词大家上初中生物课的时候可能已经接触过，了解其中的一些内容了。比如基因、细胞、物种、种群、生态系统这些词，大家应该比较熟悉。实际上生物多样性说的就是所有这些生物的总和。你想到的任何一个生命，都是生物多样性的一部分。归纳来说，生物多样性就是从基因一直到我们生活的生物圈，也就是地球表面各种各样的动物、植物、微生物等所有生命构成的生物圈。所以，生物多样性是一个连续的生命的过程。细胞、物种、种群等都是生物多样性的一部分、一个层次。为了便于研究人员和人们日常交流，我们通常把生物多样性归纳为三个主要的层级：一是基因多样性，二是物种多样性，三是生态系统多样性。不难看出，从基因到物种再到生态系统是一个从小到大、从微观到宏观的过程。

多种多样的生物体总和

生物多样性

## 知识链接

**基因**（Gene）是指有遗传效应的 DNA 或者 RNA 片段。

**生物圈**（Biosphere）是指地球上凡是出现生物活动并感受到生命活动影响的地区，是地表有机体（包括微生物）及其自下而上环境的总称，是行星地球特有的圈层。生物圈也是人类诞生和生存的空间。生物圈是地球上最大的生态系统。其范围包括大气圈的底部、水圈大部和岩石圈表面。

**生态系统**（Ecosystem）是指在一定空间内，由生物群落与其周围的非生物环境相互作用而形成的统一整体。

**生物多样性**（Biodiversity）是指生物（动物、植物、微生物）与环境形成的生态复合体以及与此相关的各种生态过程的

| 探知无界 | 人与自然的共生之道

总和，从微观到宏观生物多样性依次包括基因多样性（也叫遗传多样性）、物种多样性和生态系统多样性三个层次。

你知道生物多样性的三个层次之间有哪些关联吗？

生物的细胞内有成千上万个基因。不同种生物的基因有所不同，同种生物不同个体的基因也不尽相同，每种生物都是一个丰富的基因库（Gene Pool）。生物种类的多样性实质上源于基因的多样性。

综合来看，一方面，每种生物都是由一定数量的个体组成的，这些个体的基因是有差别的，它们共同构成了一个基因库；每种生物又生活在一定的生态系统中，并且与其他生物种类相互联系。另一方面，某种生物的数量减少或灭绝，必然会影响它所在的生态系统；当生态系统发生剧烈变化时，也会加速生物种类多样性和基因多样性的丧失。

说到保护生物多样性时，我们除了关注生物多样性的不同层次之外，还关心什么呢？我们还关心它的完整性。这里面包括：它到底是由哪些物种和生态系统组成的？是由哪些基因组成的？它的结构是怎么样的？它的结构，也就是这些物种之间的相互关系是：有些是食肉动物，有些是食草动物，食肉动物吃食草动物，食草动物吃植物，这样就构成一系列的关系，比如食物网关系。

所有的生命都是生态系统的一部分，而生态系统发挥着各种各样的功能，比如调节气候、保持水土、给地球创造氧气、吸收二氧化碳等，这些都是生态系统的功能。所以，我们也关注这些功能发挥得怎么样。最终，我们希望生活在一个稳定的环境中，所以**生态系统的稳定性**和生物多样性的稳定性也是我们关注的内容。

 知识链接

生态系统维持自身结构与功能处于相对平衡状态的能力叫作**生态系统的稳定性**（Stability of Ecosystem）。生态系统的稳定性表现在两个方面：一是生态系统抵抗外界干扰并使自身的结构与功能保持原状（不受损害），这叫作**抵抗力稳定性**（Resistance Stability）；二是在受到外界因素的干扰或破坏后生态系统能恢复到原状，这叫作**恢复力稳定性**（Resilience Stability）。

 你知道吗

你知道生态系统的结构包括哪两个方面吗？

生态系统的结构包括生态系统的组成成分和生态系统的营养关系两个方面。

| 探知无界 | 人与自然的共生之道

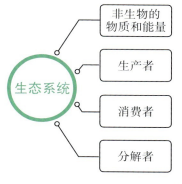

生态系统的组成成分

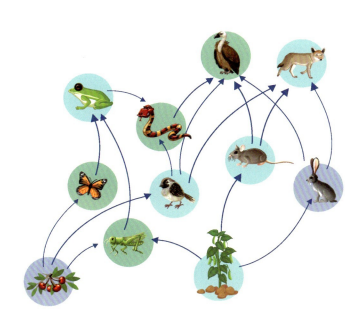

生态系统的营养关系

| 第一讲 | 人与自然的关系

　　说到生物多样性，我们平时了解最多、谈论最多的其实是物种，像大熊猫以及我们人类也都是其中的物种。地球上到底有多少个物种呢？

　　实际上我们还不知道地球上究竟有多少个物种，现在已经知道的大概是 150 万个，根据现有的情况以及一些推算，我们估计地球上大概有 800 万到 1000 万个物种，其中昆虫占了一大半，所以昆虫实际上构成了整个生物多样性非常重要的一部分，它们既在生态系统里承担自己的功能，同时又养活了很多其他生物，比如很多鸟类、兽类都是靠捕食昆虫为生的。

| **探知无界** | 人与自然的共生之道

因为我们到今天为止,还没有全部了解生物多样性,所以不断地会有新的物种被发现。比如2017年,我国新命名了天行长臂猿,这个物种是在高黎贡山被发现的。

世界上有很多生物多样性丰富但研究却非常缺乏的地方,在这些地方不断有新的物种被发现。

比如,在我国西藏自治区的墨脱,每年都有新的植物、新的两栖动物不断被发现。我有同事去墨脱做过研究,他说:"几乎每扫一下昆虫网,都会发现一个新物种。"由此可见,我们知道的物种还是非常有限的。

第一讲 | 人与自然的关系

### 你知道吗

你知道什么是生物分类学吗？

**生物分类学**通常直接称分类学（Taxonomy），是一门研究生物类群间的异同以及异同程度，阐明生物间的亲缘关系、基因遗传、物种进化过程和发展规律的基础科学。

你还知道哪些分类学的故事？你将来想要做相关研究吗？

### 延伸阅读

上面正文中所说的昆虫既在生态系统里承担自己的功能，同时又养活了很多其他生物，这叫作**生物多样性的间接价值**。生物多样性的间接价值主要体现在调节生态系统的功能等方面。例如，植物能进行光合作用，具有制造有机物、固碳、供氧等功能；森林和草地具有防风固沙、保持水土等作用；湿地可以蓄洪防旱、净化水质、调节气候；等等。此外，生物多样性在促进生态系统的基因流动和协同进化等方面也具有重要的价值。以生物多样性为基础的生态系统决定着人类生存和生活的质量。

除了间接价值，你还知道生物多样性有哪些价值吗？

我们知道，地球上已知的物种大约占全部物种的百分之十几到百分之二十，在已知物种中，有一些已经消亡了，比如恐龙。恐龙在六七千万年之前就逐渐在地球上绝灭了。很

| **探知无界** | 人与自然的共生之道

多其他物种跟恐龙一样,随着地球环境的演变,出现后逐渐壮大,然后又逐渐消亡。这是一个自然的演化过程,所有物种可能都要经历这样一个漫长的历史,而这个历史在地球上已经有了40亿年的时间。地球上的生命已经存在了40亿年,有一些生命是非常长久的,例如,我们说的<u>活化石</u>,在其他物种变成化石,甚至消亡的时候,它们仍然在地球上活着。其实大熊猫就是一个被称为活化石的物种,它们在地球上已经存活了800万年到1000万年了。

| 第一讲 | 人与自然的关系

 **知识链接**

**活化石** 一般指物种起源久远,在新生代第三纪或更早有广泛的分布,大部分物种已经因地质、气候的改变而灭绝,现存生物保留了其远古祖先的原始形状,其近缘类群多数已灭绝,比较孤立,且进化缓慢的生物。

除了大熊猫,你还知道哪些生物属于活化石吗?

答案:银杏、珙桐、鲨、扬子鳄等。

| 探知无界 | 人与自然的共生之道

## ⁞⁞⁞ 人类的发展与生物多样性

人类是什么时候产生的呢？人类大概于二三十万年前在地球上出现。但是人类真正成为一个非常强有力的物种也就是最近几万年的事情。人类作为一个物种，其拉丁名为 *Homo sapiens*，这也是人类的生物学名字。大概在距今10万年以内，人类这个物种从非洲扩散，逐渐在地球上广泛地传播开来。

在我们说生物多样性的时候，为什么要着重说人类呢？那是因为自从在地球上出现以来，人类对地球产生了非常深刻的影响，影响之一就是导致一些物种灭绝。

在 *Homo sapiens* 中，Homo 的意思是"人属"，sapiens 的意思是"智慧"，也代表"人种"。*Homo sapiens* 的意思就是"智人"。

**物种灭绝**：泛指植物或动物的种类不可再生性地消失或被破坏。

在历史上从几亿年前开始就有阶段性的物种大灭绝事件了，原因是什么呢？我们并不清楚。比如我们并不清楚恐龙灭绝的真正原因，不过现在有很多说法。比如有人认为是小行星撞击地球，给地球带来了一些气候上的灾难导致恐龙灭绝的。

之前的物种灭绝事件都是自然现象。今天物种灭绝的速度比物种本身自然消失的速度快了几十倍、几百倍，有些地区甚至达到上千倍，这是我们今天面临的局面，我们称之为第六次物种大灭绝。关于这种灭绝是怎样形成的有很多说法，不过现在越来越多的人形成了一个共识：这种灭绝与我们人类有关。

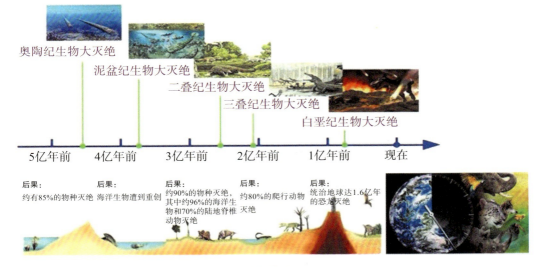

物种大灭绝

| **探知无界** | 人与自然的共生之道

美国夏威夷大学马诺阿分校和法国国家自然历史博物馆的生物学家在《生物学评论》杂志发表的文章认为：地球正在面临**第六次物种大灭绝**，这一次物种灭绝是人类活动导致的灾难。由于人类过度开采、污染、破坏和气候变化等多种因素，许多物种正处于灭绝的边缘。据估计，每年有10万到100万物种消失，这一速度是物种自然灭绝速度的1000倍以上。如果不采取有效的措施，未来几十年内可能会有更多的物种消失，生物多样性将受到严重破坏。

我们看一下人类的发展史。前面我们说过，我们今天的人类大概是二三十万年前在地球上真正出现的，但是我们人类的祖先——南方古猿大概是在 400 万年之前出现的。南方古猿在地球上出现，一开始都是在非洲，我们这个物种，也就是我们前面提到的 *Homo sapiens*，最初是在东非大裂谷出现的。

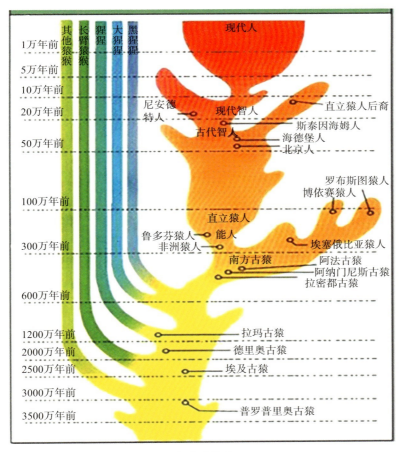

人类进化树

大家如果有机会去非洲,我建议去那里看一看我们人类的发源地。

 延伸阅读

露西(Lucy)是一具发现于东非的古人类化石标本。此标本具有约40%的阿法南方古猿骨架,由美国古人类学家唐纳德·约翰逊等人于1974年在埃塞俄比亚阿法尔谷底阿瓦什山谷的哈达尔发现。

露西生活于约320万年以前,并被归类人族,是已知最早的人类祖先,被称为"人类祖母"。这副骨架具有类似于猿的脑容量和类似于人类的二足直立行走特征,支持了人类进化争论中直立行走在脑容量发展之前的看法。

大概是7万年之前,人类的祖先从东非大裂谷,即下页图中颜色很红的那个位置开始向外扩散。在几万年之内,几乎扩散到了地球的每一个角落,包括一些岛屿,比如5万年前就到达了澳大利亚。

今天我们回头看,不由得会为我们人类的迁移能力惊叹,试想从非洲到澳大利亚,要经历多长的海面距离?要怎么过去?那肯定是一个非常艰难的旅程,甚至可能不止一次。

| 第一讲 | 人与自然的关系

东非大裂谷

但是，人类最终到达了这些地方，并且成为这些地方的主宰力量。为什么说人类成为这些地方的主宰力量呢？因为人类无论到达哪一片大陆，比如澳大利亚、北美洲，当地的那些体形较大的动物就逐渐灭绝了，当地就会发生断崖式的物种消失事件。这让我们不得不猜想这些物种的消失与人类的出现有关。

这也是一个合理的推演，因为人类那个时候靠渔猎为生，即靠吃其他生物为生。而5万年前人类已经学会了合作和使用非常有效的工具。人类的捕猎能力远远超出了其他物种，而大型动物的肉是最多的，因此它们首当其冲，成为人类狩猎的目标。于是很多大型物种在地球上率先绝灭了。

| 探知无界 | 人与自然的共生之道

随着人类的发展，地球上不断地发生物种消失的事件，例如，2300多年前亚里士多德曾做过这样的描述：波罗的海区域有些森林消失了；土耳其、叙利亚等中东的这一部分区域一些动物消失了；英国、新西兰等地，随着人类的开发和人类的发展壮大，很多动物消失了。

到今天我们能够看到地球上有77%的土地和87%的海洋已经受到人类活动的直接影响。土地没有受太多影响的是人类很难生活的地方，或是人类足迹比较少的地方，比如两极、沙漠（如澳大利亚中部的沙漠地带、非洲的撒哈拉大沙漠等）、亚马孙河流域的密林。除此以外，都是被人类改造过的地方。

所以地质学家建议我们把今天的地质年代称为人类世，英文叫作 Anthropocene。为什么呢？因为现今地球的面貌和整个景观多多少少是由人类塑造出来的。今天很多生物集中在人相对比较少并且气候还可以的一些地方（沙漠里面虽然人少，但是其他生物也很难存活），我们把这些地方叫作生物多样性热点地区，这些地方是我们今天保护生物多样性要重点考虑的区域。

你知道我国有哪些生物多样性热点地区吗？

| 第一讲 | 人与自然的关系

我国的生物多样性热点地区主要有：西南山地、吉林长白山地区、祁连山地区、伏牛山地区、秦岭地区、大巴山地区、大别山地区、浙皖低山丘陵、浙闽山地、川西高山峡谷地区、藏东南部地区、滇西北地区、武陵山地区、南岭地区、十万大山地区、西双版纳地区、海南中部地区。

| **探知无界** | 人与自然的共生之道

  人类对地球的影响到底有多大呢？我们来看一下2019年联合国某委员会组织全世界科学家所做的一项评估，结果显示了现有的研究和在研究基础上做的一些推演。下页图中A部分显示了不同物种种群面临的灭绝风险，红色的部分是受威胁的，我们可以看到不同类群受威胁的严重程度不一样，其中两栖动物和植物里面的苏铁（非常古老的一类植物）受影响是比较大的。

  图中B、C部分，特别是C部分，显示了不同类群的物种在1980年以后的变化。斜度最大（下降最厉害）的一条线代表的是珊瑚（珊瑚礁）。海洋里珊瑚礁的减少与我们今天的气候变暖有直接的关系，因为珊瑚礁生存所需的温度是非常稳定的，温度一旦发生变化，很多生存在珊瑚礁里面的物种就无法存活。今天地球上不管是澳大利亚的大堡礁，还是菲律宾的珊瑚礁，都开始出现珊瑚礁白化现象。珊瑚礁白化实际上就是珊瑚礁死掉了。

# 第一讲 | 人与自然的关系

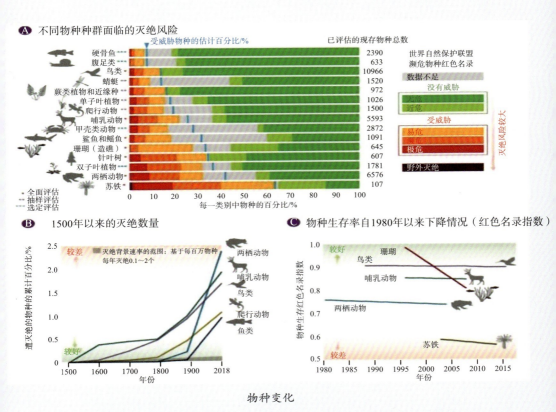

物种变化

（图片来源：Intergovernmental Science-Policy Platform on Biodiversity and Ecosystem Services. The global assessment report on biodiversity and ecosystem services [R]. Montevideo: IPBES, 2019: 29.）

| 探知无界 | 人与自然的共生之道

**珊瑚礁白化**是指珊瑚失去明亮、鲜艳的颜色并且逐渐变白的现象。这种现象通常是由于珊瑚受到环境变化的"压力",比如海洋温度的变化和缺乏足够的营养。珊瑚对温度变化非常敏感,即使温度发生微小的改变,珊瑚也会进入紧迫状态,这时珊瑚会驱逐住在其组织里使其五彩缤纷的藻类,缺少了这些藻类,珊瑚就会变成半透明状,也就发生了我们所说的白化现象。

在全球范围内,珊瑚礁白化现象频繁发生。据估计,2014—2017年,世界上有近四分之三的珊瑚礁经历了足够温暖的海洋温度,出现了白化现象。因为珊瑚礁是多样化且至关重要的生态系统,所以珊瑚礁白化会对当地生态系统产生一定的影响。

下页这张图总结了人类活动对地球生态系统产生的影响,与我们最早能够做评估时得到的数据相比,自然生态系统平均衰退了47%。在数量方面,比如美洲野牛,原来有上百万头,但现在只剩下零星的一些小群。像这样的事情在全球各地都在发生。导致这些变化的直接原因可以参考图中间的柱状图(底下是它的图例),从图中可以看出,地球上土地和海洋用途的改变是今天生物多样性下降的一个直接原因。人类对自然资源的直接利用是生物多样性下降的另一个直接原因。

第一讲 | 人与自然的关系

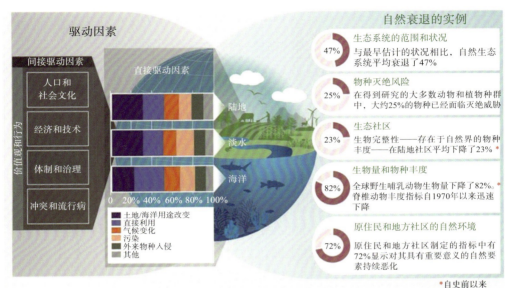

全球自然衰退的实例，着重说明直接和间接的变化驱动因素在过去和现在导致生物多样性下降

地球生态系统的变化

（图片来源：Intergovernmental Science-Policy Platform on Biodiversity and Ecosystem Services. The global assessment report on biodiversity and ecosystem services［R］. Montevideo: IPBES, 2019: 30.）

  除此以外，气候变化、污染、外来物种入侵等也是造成今天生物多样性下降的直接原因。究其根源，是人类经济和其他方面的发展，人类自己的技术水平和能力的提升，以及人类的发展需求、人口增加等原因导致了生物多样性的下降。但是仔细分析我们会发现，这实际与我们的价值观有关。比如我们认为挣钱是好的，我们认为富裕是好的，但是这样的一些观念确实带来了一些问题。挣钱的背后是什么？富裕的背后是什么？

钱是从哪里来的？其实，挣钱和富裕往往以资源消耗为代价，最终是自然在为我们人类的发展买单。

你了解美洲野牛吗？

美洲野牛是偶蹄目牛科野牛属动物。美洲野牛头大，嘴较短，颈部短而肥胖，前半身较大，后半身较小，肩部高高隆起，臀部较低，躯干明显向后倾斜，雌雄均有角。

美洲野牛分布于美国和加拿大中西部地区，多栖息于草原。美洲野牛成群生活，喜欢土浴，季节性迁徙，冬季向南方迁徙，寻找食物更丰盛的地区，春季向北方迁徙。它们多在早晨与傍晚觅食，寿命长达25年。

过去在北美约有6000万头美洲野牛，遍布洛基山以东广大地区。后因人们滥捕和开发草原，美洲野牛数量急剧下降，几乎灭绝，被称作自然史中的悲剧。到1889年时，美洲野牛仅余541头。美洲野牛被列入《世界自然保护联盟濒危物种红色名录》近危级。

## 为什么要保护生物多样性？

谈到保护生物多样性，一定会有人问：我们为什么要保护生物多样性？生物多样性跟我们有什么关系？实际上，我

## 第一讲 人与自然的关系

们每个人每天都在享受生物多样性带来的好处，但是并不是每个人都能察觉到。比如，氧气是所有动物生存所必需的。氧气是从哪里来的呢？在没有生命之前，地球上的氧气含量是很低的，有了植物以后，植物通过光合作用，把空气中的二氧化碳转化为氧气，地球上的氧气含量才逐渐提高，才使得地球成为一个动物宜居的星球。我们的生存环境是一个生态系统，这个环境是由生物多样性，即其他的生命、其他物种共同提供给我们的。我们吃穿住行所需要的物资都源于这个生态系统。

除此以外，正如我们前文所说，这个生态系统还具有调节气候、保持水土等作用，这使得我们赖以生存的环境更加宜居。同时，生态系统还给我们带来了一些其他的好处，比如我们看见绿色会觉得精神好、心情舒畅，有时甚至会有一种被治愈的感觉，可见大自然还会带给我们精神层面的满足。

| 探知无界 | 人与自然的共生之道

总的来说，生物多样性给我们的不仅是基础的物质生活保障，还有生活质量保障和健康保障，甚至还带给我们良好的社会关系。大家想一下，历史上有多少场战争是因为资源的紧缺而爆发的。在资源紧缺的时候，人类是缺乏自由和缺乏选择的，而我们的自由和幸福与选择能力是紧密相关的。所以，人类的福祉是紧紧依靠自然的。但是我们大多数人长期以来对此熟视无睹，我们享用大自然带给我们的一切，但并不知道感恩，这也是今天自然环境逐渐遭到破坏的一个根本的原因。实际上，让人们认识到这一点就是一个非常重要的行动。

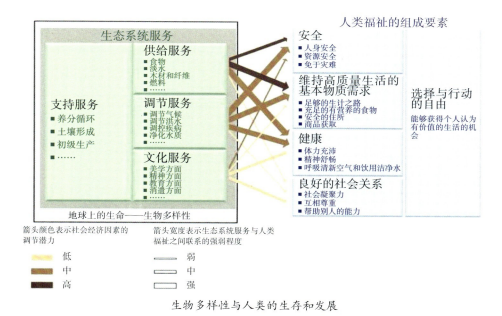

生物多样性与人类的生存和发展

（图片来源：Millennium Ecosystem Assessment: Ecosystems and human wellbeing [R]. Washington DC: Island Press, 2005.）

## 第一讲 | 人与自然的关系

### 📖 延伸阅读

生态系统对人类的食物、药品和工业原料等具有实用意义，这是其直接价值的体现；生态系统对人类的旅游观赏、科学研究和文学艺术创作等具有重要意义，这是其间接价值的体现。

除此之外，生态系统还具有许多人们目前尚且不太清楚的潜在价值。例如，某种目前没有直接价值的植物，有可能在未来被发现含有治疗某种疾病的重要成分。随着科学研究的不断深入和人们认识水平的不断提高，生物多样性的潜在价值将逐渐展现出来。

除人类之外，其他生命是不是有在地球上独立生存的权利？答案当然是肯定的。其他生命和人类一样，有在地球上生存、演化和发展的权利。那么，是否人类是自然界的中心，所有其他生命都是为人类服务的呢？还是人类只是自然界中的一员呢？即便人类是自然界的中心，人类的生存和发展也离不开自然界，这是一个真实的现状。一说起人类的生存和发展，一些人就会想到只有挣钱才能过得更好。所以，哪怕是从经济的角度来考虑，生物多样性危机对人类而言也是一场危机，是一场"经济危机"，并不是一个关心或不关心都可以的事情。我们必须关心生态系统的发展，关心生物多样性。

| 探知无界 | 人与自然的共生之道

## 延伸阅读

你了解人类中心论和生态主义吗？

人类中心论，又称人类中心主义，是指以人类为自然界中所有事物的中心的学说。人类中心论总是被作为一种价值尺度来使用，它把人类的利益作为价值原点和道德评价的依据，认为有且只有人类才是价值判断的主体。

人类中心论的核心观点：

（1）在人与自然的价值关系中，拥有意识的人类是主体，自然是客体。价值评价的尺度必须始终掌握在人类的手中，任何时候说到"价值"都是指"对于人类的意义"。

（2）在人与自然的伦理关系中，应当贯彻"人是目的"的思想。最早提出"人是目的"这一命题的是康德，它被认为是人类中心论在理论上完成的标志。

（3）人类的一切活动都是为了满足自身生存和发展的需要，不能达到这一目的的活动就是没有任何意义的活动，因此一切活动都应当以人类的利益为出发点和归宿。

与人类中心论相对的是生态主义。生态主义认为意识应该是多元化的，它反对意识的一元化。生态主义崇尚一种新激进主义，它否定了工业资本主义的价值体系及其制度，批判工业资本主义社会那种无休止的物质追求和物质享乐，它追求的是自然与社会生态平衡的美好的"绿色社会"。

## 第一讲 人与自然的关系

生态主义是在全球生态危机的压力和现代环境运动的激发下，伴随着从工业文明到生态文明的时代精神的转变而兴起的。生态主义最先表现为一种环境主义的思潮。伴随着生态运动的发展，生态主义逐渐发展出了动物解放论/动物权利论、生命中心论、生态中心论等多种典型理论形态，并以深层生态学为其极端理论形态。生态主义的最新发展是形成了生态女权主义和生态后现代主义的特殊理论形态。生态主义的意义是提出了生态价值观并重新界定了人与自然的和谐统一关系。

越来越多的研究发现，人类的身体健康状况与周围的环境是密切相关的。我们人类身体的表面实际上有很多微生物，不光如此，我们的肠道里面也住着无数的微生物，虽然现在有多少微生物我们并不知道，但是我们越来越清楚这些微生物对我们的身体健康起着至关重要的作用。例如，我们说的肥胖症、过敏、糖尿病等，都与肠道微生物有密不可分的关系。因此，可以说大自然是我们生存和发展的基石，没有大自然就没有我们人类。但人类今天的发展方式却反过来在损害我们的基石。这实际上是我们要讨论的最重要的一个问题，即人类怎么样才能与自然和谐共生。

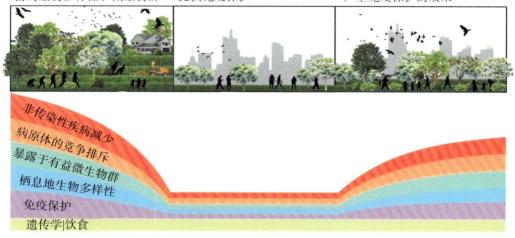

健康—共生功能体（人体 + 共生微生物）—生物多样性

（图片来源：World Health Organization, Secretariat of the Convention on Biological Diversity. Connecting global priorities: biodiversity and human health［R］. Geneva: WHO, Montreal: CBD, 2015.）

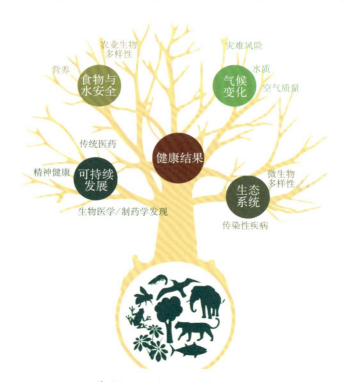

尊重与呵护自然，保障人类健康

（图片来源：World Health Organization, Secretariat of the Convention on Biological Diversity. Connecting global priorities: biodiversity and human health［R］. Geneva: WHO, Montreal: CBD, 2015.）

| 第一讲 | 人与自然的关系

## 延伸阅读

  细菌、真菌与动物共生的现象非常普遍。例如，在牛、羊、骆驼等草食动物的胃肠内生活着一些细菌，这些细菌可以帮助草食动物分解草料中的纤维素，而草食动物又可以为这些细菌提供生存的场所和食物，它们彼此依赖、共同生活。人类的肠道中也有多种多样的细菌，大部分是正常菌群，对人体没有危害，其中有些细菌还能够制造维生素B和维生素K，对人体的健康很有益处。人体肠道内的细菌可随粪便排出体外，几乎占粪便干重的一半。

  而过多服用抗生素会对肠道内的正常菌群产生影响，抗生素可以杀死病原微生物，同时也会使肠道内对人体有益的细菌无法生存，从而导致肠道菌群失衡，引发腹泻、便秘等。

  到目前为止，从人类的发展中可以看出人与自然这两者之间的矛盾。后面两张图反映了从工业革命以来人类社会经济与地球系统退化的趋势关系。图（a）显示的是人类社会经济的发展趋势，图（b）显示的是地球系统退化的趋势。我们能很明显地看出人类的社会经济发展跟地球系统的退化是同步的，也就是说人类的发展在很大程度上是以地球系统的退化为代价的。

| 探知无界 | 人与自然的共生之道

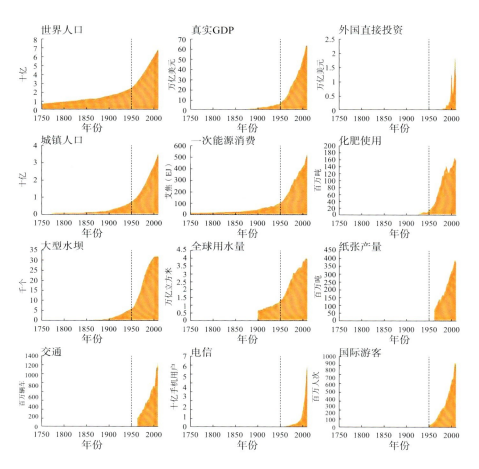

（a）人类社会经济发展趋势

| 第一讲 | 人与自然的关系

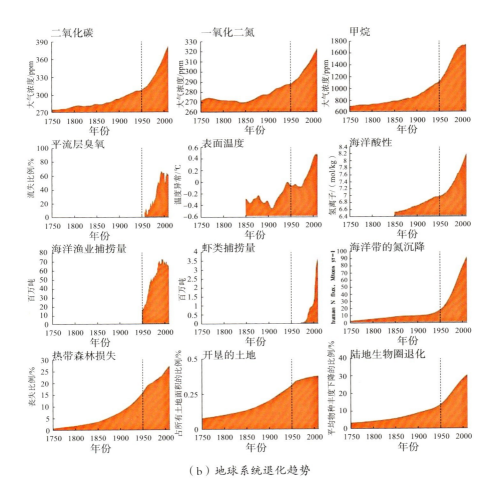

（b）地球系统退化趋势

工业革命以来，人类社会经济的发展趋势与地球系统退化的趋势

［图片来源：Steffen W, Broadgate W, Deutsch L, et al. The trajectory of the Anthropocene: The Great Acceleration ［J］. The Anthropocene Review, 2015, (2): 81–98.］

| 探知无界 | 人与自然的共生之道

那么人类应该怎么做呢？事实上人类开始关注人与自然的关系是在第二次世界大战以后。1950年之后，由于人类的工业化进入了一个新的时期，速度加快了很多，因此产生了很多由于人类的发展带来的环境问题，比如大气污染、水污染等，所以20世纪六七十年代起就有了全球性的环境运动。

1972年，联合国在瑞典的斯德哥尔摩召开了第一次**联合国人类环境会议**。此次会议第一次提出了可持续发展的理念。在这个基础上人们就开始了一个全球范围的讨论，环境问题成为一个全球性的、公共的议题，成为各国政府和百姓共同关注的问题。

为保护和改善环境，1972年6月5—16日联合国在瑞典首都斯德哥尔摩召开讨论当代环境问题的第一次国际会议——**联合国人类环境会议**。这是世界各国政府共同讨论当代环境问题，探讨保护全球环境战略的第一次国际会议。会议通过了《联合国人类环境会议宣言》，简称《人类环境宣言》，呼吁各国政府和人民为维护和改善人类环境、造福全体人民、造福后代而共同努力。为引导和鼓励全世界人民保护和改善人类环境，《人类环境宣言》总结了7个共同观点，26项共同原则。

1992 年，也就是联合国人类环境会议召开 20 年之后，联合国又召开了一次非常著名的大会，即**联合国环境与发展会议**，这次会议是在巴西的里约热内卢召开的。在这次大会上联合国出台了两个公约，即《气候变化框架公约》和《生物多样性公约》，谈论的实际上是同样一个问题——防止环境的进一步恶化。《生物多样性公约》提出要减缓生物多样性下降的趋势，但是一直到今天这个趋势并没有真正地被减缓。

1992 年，被称为"地球峰会"的**联合国环境与发展会议**在巴西的里约热内卢召开，这次会议对人类的可持续发展具有里程碑意义。

（1）大会否定了"高生产、高消费、高污染"的传统发展模式，对发展中的环境问题认识空前提高。

（2）与会各国就环境保护和经济发展相协调的主张达成共识，并表达了共同应对环境问题的愿望。

（3）大会使环境保护与经济发展密不可分的道理被广泛接受，使"可持续发展"这一概念深入人心。

（4）大会通过了三个文件：《里约环境与发展宣言》《21 世纪议程》《关于森林问题的原则声明》，签署了两个公约：《气候变化框架公约》和《生物多样性公约》。这些文件为保护全球生态环境和生物资源提供了指导，也为此后的气候变化和可持续发展谈判奠定了基石。

如果这样的趋势不及时得到扭转的话,地球生态系统可能会在很大程度上面临崩溃的危险。

联合国《生物多样性公约》第十五次缔约方大会第一阶段会议于2021年10月11—15日在我国昆明召开,第二阶段会议于2022年12月5—17日在加拿大蒙特利尔召开。会议主要讨论全球的生物多样性保护框架,确立怎么在2030年以前扭转生物多样性下降的趋势,在2050年实现人与自然的和谐共生。这个目标有可能实现吗?这么多年来人类也不是没有努力过,但都没能扭转生物多样性下降的趋势,今天我们应该怎样做才有可能做出真正的改变?

| 第一讲 | 人与自然的关系

你认为人与自然的关系是怎样的？请说说你的理由。

你知道我国曾经出现过哪些环境问题吗？这些问题后来是怎么解决的？目前我国还有哪些环境问题？对这些问题，你有什么好的解决方法吗？

第二讲

有关大熊猫的三个问题

| 第二讲 | 有关大熊猫的三个问题

很多人都很喜欢大熊猫，但大家对大熊猫了解多少呢？我上中学的时候跟身边很多人一样，对大熊猫非常非常地好奇，但那时候我对大熊猫的了解很少，我只知道大熊猫是一个濒危物种，并且繁殖状况不是很好。上大学之后我仍然对大熊猫到底是一个什么样的动物非常好奇，非常想到大自然中去做实地研究。当时我在北大的课程安排非常紧凑，但是我非常幸运，因为我遇到了我的老师潘文石教授，当时他在四川卧龙做大熊猫研究工作，所以我请求跟他一起去做大熊猫研究工作。

 知识链接

潘文石，1937年生于泰国曼谷，1961年毕业于北京大学生物系并留校任教。曾任北京大学生命科学学院教授、北京大学大熊猫及野生动物保护研究中心主任、北京大学崇左生物多样性研究基地主任，长期从事野生动物，尤其是大熊猫、白头叶猴、中华白海豚的研究和保护工作，为生态文明建设做出了重要贡献。

很幸运，1985年的时候我第一次来到了陕西的秦岭，那也是一个有野生大熊猫分布的地方。我在那里开始了为期十一二年的大熊猫实地研究工作。所以我从大学四年级开始到博士毕业一直在做大熊猫研究工作。当时我在一个开展森

| 探知无界　　人与自然的共生之道

林砍伐工作的林业局跟工人们住在一起,这对我来说是一个非常好的观察人类活动与大熊猫关系的机会。那个时候生活和工作条件还是非常艰苦的,那段时间我经历的一些锻炼今天想起来都觉得是一笔宝贵的财富。

| 第二讲 | 有关大熊猫的三个问题

### 知识链接

在中国，**野生大熊猫分布的地方**还有：四川卧龙国家级自然保护区、四川千佛山国家级自然保护区、四川王朗国家级自然保护区、陕西太白山国家级自然保护区、陕西佛坪国家级自然保护区、甘肃白水江国家级自然保护区。

2021年大熊猫国家公园正式设立，由四川省岷山片区、邛崃山－大相岭片区，陕西省秦岭片区，甘肃省白水江片区组成，共同构建起保护大熊猫及其栖息地的坚实屏障，为大熊猫这一珍稀物种的繁衍生息提供了关键保障，进一步彰显了中国在生物多样性保护领域的坚定决心和卓越成效。

1985年我开始做大熊猫研究的时候主要有三个问题人们觉得没有答案。

第一个问题：大熊猫主要吃竹子能行吗？竹子是一种非常粗糙的食物，大熊猫当真主要靠吃竹子生活吗？大熊猫变成濒危物种是不是吃竹子造成的呢？

第二个问题：大熊猫在野外到底会不会繁殖？这是到今天人们仍然会问的一个问题。前一阵子，有一个朋友甚至问我：野外还有大熊猫吗？我当时觉得特别惭愧，因为我做了这么多年的大熊猫研究，居然我的朋友仍然在问这样的问题，我觉得是我的工作没有做到位。

### 延伸阅读

绝大多数人第一次见到大熊猫是在动物园或者保护站的玻璃窗里，还有一些人只知道我国有一种非常珍稀的动物叫大熊猫，知道大熊猫吃竹子，其他一无所知。见过大熊猫的人也不一定对大熊猫了解更多，毕竟在玻璃窗里的大熊猫大部分都只表现出与人类参观者或与饲养员的互动，很少展现出它们野性的一面。真正见过大熊猫在野外生活状态的人就更少了。

第三个问题：大熊猫是否存在近亲繁殖的问题？随着大熊猫数量的减少，大家会担心大熊猫是不是存在近亲繁殖问题。

你知道近亲繁殖有什么危害吗？

近亲繁殖是指亲缘关系相对较近的个体间进行的交配和繁殖，近亲一般指三代以内的亲缘关系。近亲繁殖经常会导致子代衰退现象，即近亲繁殖的后代常常会出现生活力、生产力、繁殖力、抗逆性、适应性下降和生长发育缓慢等情况。

总体上，大家都非常担心大熊猫这个物种会灭绝。我们要保护大熊猫，就必须先深入了解大熊猫，科学地采取保护措施，否则我们的保护行动可能就无法有效解决大熊猫的生存问题。

| 探知无界 | 人与自然的共生之道

大熊猫在地球上已经存活了 800 万年到 1000 万年了，为什么到今天就成濒危物种了呢？下页这张图展示的是大熊猫从古代的个头比较小的物种——始熊猫，到比现在还要大的巴氏大熊猫，再到今天的现代大熊猫的演化过程。大熊猫跟人类一样有着漫长的演化历史。我的工作就是希望通过实地研究，探究在经历了这么漫长的演化历史之后，野外的大熊猫到底还有没有生存下去的希望。

注：
（1）现代大熊猫约为巴氏大熊猫体型的7/8；
（2）大熊猫小种体型略小于现代大熊猫；
（3）始熊猫体型略小于大熊猫小种。

大熊猫演化示意图

[数据来源：赵学敏.大熊猫：人类共有的自然遗产［M］.北京：中国林业出版社，2006.制图人：张靖（星球研究所）]

## 第二讲 | 有关大熊猫的三个问题

### 知识链接

**始熊猫**是肉食目熊科大熊猫亚科哺乳动物。始熊猫体型较小，大约和狐狸一般大。始熊猫的白齿结构还没有脱离熊类的基本范畴，但与大熊猫小种的前白齿相似。

据化石材料推测，始熊猫的体型比大熊猫小种稍小，食性为杂性，以肉食为主，生活在热带和亚热带低山丘陵的森林中。

2600万年前的渐新世，早期的似熊类和古浣熊类出现，900万至800万年前的中新世中晚期，早期的似熊类动物分化出始熊猫类，其主支演化为大熊猫类。后经过约300万年的漫长岁月，该物种历经大熊猫小种、巴氏大熊猫亚种、大熊猫现生种的变迁，主要栖息在青藏高原向四川盆地过渡地带的高山峡谷中。

## 大熊猫主要吃竹子，能行吗？

记得我1985年第一次去野外工作的时候，非常幸运，我到野外的第一个星期就看到了野生大熊猫。那个时候见到大熊猫其实是非常难的，有很多研究人员到野外工作几个月可能都看不到一次大熊猫。即便是幸运的我也只是看见大熊猫一闪而过。

| **探知无界** | 人与自然的共生之道

    其实对一闪而过的一个动物做不了什么观察,也做不了什么研究。事实上很长一段时间我在野外观察大熊猫,观察的就是它们的粪便,看到下图中的这种粪便实际上也是非常难得的,因为同时有两种。其中有一堆是大的,另一堆是小的,说明这是两只大熊猫留下的粪便,所以很有可能是一只大熊猫妈妈带着一只大熊猫孩子。我们在野外看见这样的粪便会高兴好几天。大熊猫的粪便会告诉我们很多信息,当时最主要的是可以告诉我们大熊猫吃了什么以及咀嚼的细致程度;另外,也可以告诉我们大熊猫的年龄,因为牙好不好跟年龄有很大的关系。随着科技的发展,今天我们甚至可以通过大熊猫粪便表面的一些分泌物来分析和判断出产出粪便的大熊猫具体是一个怎样的个体,其 DNA 可以告诉我们更多的信息。

大熊猫的粪便

你知道大熊猫粪便都可以做哪些研究吗?

大熊猫粪便可以做很多研究。例如,人类可以从大熊猫粪便中提取到大熊猫的DNA分子,从而对产出粪便的大熊猫进行个体识别,进而分析判断这个区域的大熊猫的数量。另外,人类还可以从大熊猫的粪便中提取到大熊猫肠道内微生物菌群的DNA,从而进一步了解大熊猫的营养状况。如果大熊猫粪便非常新鲜,人类还可以从中提取到激素,进一步分析大熊猫的身体健康特征。

后来我们给大熊猫戴上了无线电颈圈,这样有助于我们跟踪它们,了解它们的活动。有一些大熊猫逐渐允许我们整天跟在它们后面观察它们,慢慢地,我们就有了更多有关大熊猫的真实信息。大家仔细看一下下页图中这只大熊猫,它脖子上就挂着一个无线电颈圈。所以我们能够长时间观察它们怎么吃,怎么活动,每天花多少时间来吃,活动过程中有哪些行为是消耗能量的,然后我们来计算它们吃了多少、消耗了多少、能量够不够用,等等。

| 探知无界 | 人与自然的共生之道

正在吃竹子的大熊猫

通过观察我们发现大熊猫每天要花很长时间来吃竹子，它们一天花在吃上面的时间会超过 10 个小时，大约是 10～14 个小时。通过分析竹子的营养成分，我们发现竹子是一种营养不怎么丰富的食物，尤其是对大熊猫这种食肉动物来说。大熊猫常年吃竹子，它们吃竹子可能已经有几十万年了，但是它们仍然是一种食肉动物，从分类学上讲它们跟熊最接近，所以它们总体上来说是熊。作为熊，它们靠竹子为生，这确实有点匪夷所思、难以想象。但是，我们仔细观察后发现它们其实是挑竹子里面最嫩、最有营养的那一部分吃的，比如竹笋、刚长出来的叶子或竹竿，它们主要挑这些来吃。相对而言，这些是比较有营养的，其蛋白质的含量比大米还要多一点。

在长期吃竹子的过程中，大熊猫手腕上的一个骨头逐渐演化成一个像人类拇指一样的结构，所以除了像熊一样每个爪子上有 5 个指头以外，大熊猫还有 1 个腕小骨，可以起到与 5 个指头对握的作用。要知道所有的动物中，除了灵长类动物有拇指以外，其他动物是没有拇指的。大熊猫虽然没有真正的拇指，而只有这样的"伪拇指"，但借助这个"伪拇指"，它们吃竹子时效率提高了很多。下页这幅图展示了人类真正的拇指与大熊猫的"伪拇指"之间的区别。大熊猫的"伪拇指"没有真正的拇指那么灵活，但是它可以起到辅助抓握的作用，使得大熊猫吃竹子的动作变得更加灵活、更加有效率。不知道大家有没有看过动物园里的大熊猫吃竹子，它们的动作的确非常高效，并且没有什么多余的动作。

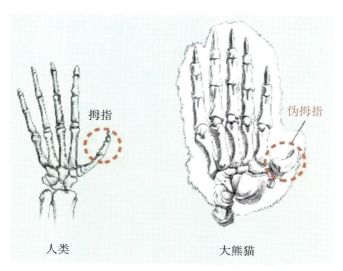

人类真正的拇指与大熊猫的"伪拇指"

大熊猫的"伪拇指"在吃竹子时的作用

［制图人：张靖（星球研究所）］

此外，大熊猫在生理方面、遗传方面和肠道微生物方面也都发生了对吃竹子这个生活里最主要的活动的适应。比如，大熊猫保持体温的能力是非常强的，它们的身体不会将过多的热量扩散到空气里。它们的肠道里面也有专门的微生物，可以消化一些竹子里面的半纤维素和纤维素成分，从而使得它们消化竹子的效率更高，对竹子的营养吸收得也更好。在

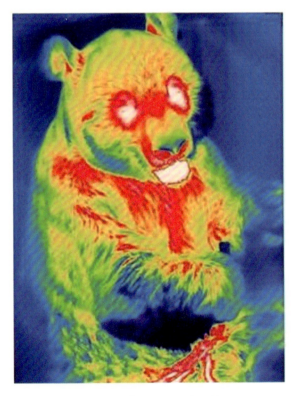

热成像照片中大熊猫的体温情况

生理上,大熊猫吃竹笋之前,会分泌一些消化竹笋的酶,使得它们在吃竹笋期间能量储存达到高峰。所以吃完竹笋后大约一个月内大熊猫会迅速长胖,起到了一个能量储备的作用。我觉得这一点非常重要,因为我发现大熊猫吃竹笋的时间正好是它刚刚交配完怀孕期间,也就是产崽之前的这段时间,这个时候的能量储备对它怀孕和抚育下一代都是非常重要的。

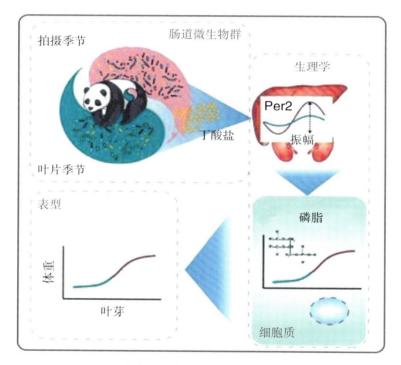

大熊猫的消化系统做出的适应

［图片来源：Huang G, Wang L, Li J, et al. Seasonal shift of the gut microbiome synchronizes host peripheral circadian rhythm for physiological adaptation to a low-fat diet in the giant panda［J］. Cell Reports, 2022, 38(3).］

所以作为食肉动物,大熊猫不但选择了以竹为生(对于食肉动物来说,大熊猫选择不吃肉就比较特别,当然,有很多食肉动物除了吃肉也吃其他食物,比如熊就是杂食动物),而且它们几乎选择专一化地吃竹子,这的确是一个非同寻常的选择。大熊猫演化出的适应吃竹子的这一系列特点,使得它们不仅能够存活下来,并且在演化的历史上成为赢家。跟大熊猫同时期出现的很多大型动物,比如剑齿虎、剑齿象等,这些比大熊猫凶得多的动物已经都灭绝了,而大熊猫却存活到了今天。可以说大熊猫是演化的赢家,并不是失败者。

而且,虽然竹子的营养不那么丰富,但是大熊猫每天吃得特别多,它们通过多吃来获得足够的营养,所以我们在野外看到大熊猫时它们多半在急匆匆地吃竹子。

大熊猫只吃竹子吗?

大熊猫并不是只吃竹子。虽然大熊猫的食物中竹子占据了很大比例(大熊猫的食物大约99%是竹子),但是它们并不完全是食草动物。实际上,大熊猫属于杂食动物,除了竹子之外,它们还会食用其他食物,如其他动物的尸体或其他植物的叶子、果实等。因此,尽管竹子是大熊猫的主食,但它们并非严格意义上的素食者。

| 探知无界 | 人与自然的共生之道

## ⁝⁝⁝ 大熊猫在野外到底会不会繁殖？

第二个问题——大熊猫在野外到底会不会繁殖？为什么会出现这个问题？我仔细研究了一下，发现这个问题实际上是从动物园来的。人类开始在动物园养大熊猫大概始于20世纪30年代美国的芝加哥动物园，当然我们中国动物园的大熊猫是最多的，动物园大熊猫的繁殖量却一直很少。有研究数据显示，到1997年的时候动物园一共养过450多只大熊猫，这其中有一少半（大概185只）是在动物园出生的，其他是从野外抓回来的。我们把在动物园出生的这些大熊猫叫子一代，到1997年子一代里面会繁殖的大熊猫只有11只，而这11只里面只有1只是雄性。

动物园圈养大熊猫繁殖情况记录

| 年份 | 圈养过的数量/只 | 圈养出生的数量/只 | 会繁殖的圈养出生个体数量/只（雄性与雌性数量比） |
| --- | --- | --- | --- |
| 1936—1979 | 215 | 37 | — |
| 1989 | 360 | 113 | 6（0∶6） |
| 1997 | 454 | 185 | 11（1∶10） |

（数据来源：Xie E, Gipps J. The Giant Panda Studbook [J]. Beijing: China Association of Zoological Gardens, 1997.）

任何人看到这样的数据可能都会形成一个非常鲜明的印象——动物园里的大熊猫不会繁殖。185只在动物园出生的大熊猫里面只有11只会交配繁殖留下后代，而且这11只里只有1只是雄性，不是不会繁殖是什么？并且有一对大熊猫给世人留下了尤为深刻的印象，那就是华盛顿动物园的一对大熊猫。这对大熊猫是当年尼克松总统访华的时候中国作为国礼送给美国的，是两国友好的象征。但是这一对大熊猫一直没能繁殖出一只大熊猫。每年到大熊猫的繁殖季节，人们都很关注它们，甚至电视台都要直播它们的状况，人们都非常希望它们能够繁殖出后代，但是每年的结果都会令人失望，这又加深了人们对大熊猫不会繁殖的印象。因为野外的大熊猫见了人是非常害怕的，它们见人就跑。在野外，我们每次见到大熊猫时，往往几秒钟内它们就会转身遁入茂密的竹林。这种状况是很难做大熊猫繁殖情况观察的，所以我们给大熊猫戴上了无线电颈圈。我前前后后给20多只大熊猫戴了无线电颈圈，观察了十几只大熊猫幼崽的出生，并且观察了它们长大的过程。我的研究结果是：所有的成年大熊猫都会参与繁殖，没有例外。

但是，野外的大熊猫交配照片很不容易拍到，哪怕你就在现场，因为竹林很密，要拍到清晰的照片是非常困难的。我的一位叫乔治·夏勒的朋友曾经拍到过。他曾经写过一本书叫《最后的熊猫》，大家有兴趣可以去阅读一下。这本书主要讲述了20世纪八九十年代他在中国参与大熊猫保护的历程。我有幸从观察大熊猫幼崽的长大和几十次大熊猫交配的事件中总结和了解到大熊猫是怎么样在野外繁殖的。

知识链接

**乔治·夏勒**是一位美国动物学家、博物学家、自然保护主义者和作家。他一直致力于野生动物保护和研究，在非洲、亚洲、南美洲都开展过动物学研究，曾被美国《时代周刊》评为20世纪三位最杰出的野生动物研究者之一。他是第一位受世界自然基金会委托在中国开展大熊猫保护工作的西方科学家。

1980年，夏勒受世界自然基金会委托来中国研究大熊猫，成为1939年之后第一位接触到野生大熊猫的西方人。1985年，夏勒与中国政府合作研究野生动物，在他的努力下，终于促成了羌塘国家级自然保护区的建立。

大熊猫刚出生的时候体重在100～200克。与成年大熊猫50多千克的体重相比，有几百倍的差距。所以有些人就担心大熊猫幼崽刚出生时，小小的体格，很容易被忽略。在动物园确实发生过刚出生的大熊猫幼崽被大熊猫妈妈不小心

压死的事情。这给人们留下的印象就是大熊猫妈妈不会带崽,而大熊猫爸爸又不会繁殖,所以大熊猫繁殖是没有希望的。

但是,在野外我们发现大熊猫妈妈带幼崽是非常精心的,我们看到大熊猫妈妈在幼崽刚刚出生的时候会非常精心地一直把它抱在怀里,幼崽不舒适的时候,大熊猫妈妈会去舔它。我曾经观察到大熊猫妈妈在产崽后20多天没有离开洞穴的情形。这令我非常吃惊,20多天不吃不喝怎么能活下来?对人来说,这也是非常难的。更令我惊讶的是,20多天以后,大熊猫妈妈并没有变得瘦骨嶙峋,它的毛色仍然是油光水滑的。

大熊猫幼崽出生一个月后看上去基本上就黑白分明了。这个时候大熊猫妈妈和其幼崽依然会花很多时间待在一起。这个时候大熊猫妈妈有时会抽空到外面吃一两个小时的竹子,然后迅速回来。

大熊猫幼崽出生大概7个星期后,大熊猫妈妈会比之前多花一点时间到洞外去吃东西,外出时它会把幼崽留在洞里让幼崽自己待着。此后,大熊猫妈妈会花越来越多时间到外面吃竹子。

大熊猫幼崽自己待着的时候是很危险的,因为在大熊猫的栖息地有很多猛兽,比如老虎、豹子、熊、豺、狼等。

所以大熊猫幼崽自己待着时很容易受到伤害，但大熊猫幼崽很快就能学会爬到树上去躲避，保持安全。这个现象在早年的时候被认为是大熊猫妈妈把幼崽给抛弃了，所以关心大熊猫的人就会把大熊猫幼崽从树上抱下来，送到动物园里去。遗憾的是，很多这种大熊猫幼崽到了动物园以后并没能存活下来，因为人们那时候对大熊猫还缺乏足够的了解，养大熊猫的经验和技术都还不到位。这实在是非常遗憾的事情。

所以我们做这些研究，我们发现大熊猫妈妈在吃竹子的时候，大熊猫幼崽会独自待在一个地方，有时候在树下，但通常是待在树上。很多研究大熊猫的人会等在树下看大熊猫妈妈回不回来，当然如果发现有人在那里大熊猫妈妈是不会回来的。后来我们把观察到的这些情况反映给保护大熊猫的主管林业部门，告诉他们大熊猫幼崽独自在树上的时候不要去打扰它，因为大熊猫妈妈会回来的，这样对大熊猫种群来说就减少了很多无谓的损失。有的时候人们是出于好心，但是如果缺乏科学知识，就有可能好心办坏事。

| 第二讲 | 有关大熊猫的三个问题

待在树上的大熊猫

| 探知无界 | 人与自然的共生之道

大熊猫幼崽成长得很快,长大后从个头上很难区分大熊猫妈妈和孩子。例如,下面这张照片所展示的是大熊猫妈妈和其已经一岁半的孩子,从照片中我们就很难看出哪个是妈妈,哪个是孩子。

大熊猫妈妈和孩子

| 第二讲 | 有关大熊猫的三个问题

在野外，大熊猫妈妈在生下幼崽以后第二年的繁殖季节是不参与繁殖的，它会专心地带孩子。等把孩子带到一岁半左右，孩子已经长成一只跟妈妈个头差不多的大熊猫了，可以独立了，大熊猫妈妈才会参与第二次繁殖。也就是说，雌性大熊猫一般隔一年参与一次繁殖。整整两年的时间，是大熊猫幼崽学习怎么生存，也是我们观察大熊猫怎么繁殖的时间。所有这些野外的研究成果最终都会被反馈回来，用在保护大熊猫的工作中。

很多鸟类也有类似的生存策略，我们以后看到幼鸟后建议先观察一下周围环境，如果幼鸟在比较安全的树上，我们就不要干涉它，如果幼鸟掉到了地上，我们可以把它捡起放到附近树上的巢穴中，因为那可能是从附近树上巢穴中掉落的幼鸟。

长大后的大熊猫会离开妈妈"扩散"到远处。随着时间推移，后来我们跟大熊猫接触得越来越多，我们可以到很近的地方观察它们。有几只大熊猫是我们从小看到大的，后来它们对我们一点戒备都没有了。它们听到人类的脚步声会马上爬到树上去躲避，但是如果看到是我们，它们就会从树上下来跟我们玩。我其实不太想跟它们玩，因为它们的爪子已

| 探知无界 | 人与自然的共生之道

经长得非常锋利，我身上有很多被它们划出的伤痕。跟它们接触时，我会尽量保护着我的脸，至少不让它们伤到脸。如果我回避它们，不跟它们玩，它们会不停地缠着我，希望我跟它们玩。我猜想，大概是因为妈妈在外面吃竹子，它们也很寂寞、很无聊，所以非常想跟人玩吧。

| 第二讲 | 有关大熊猫的三个问题

你知道大熊猫很贪玩吗？

电影《熊猫回家路》中的"主演"是一只贪玩的大熊猫幼崽。影片讲述了一个因父母在灾难中双亡而封闭在自我世界里的孤儿，遇到了一只因贪玩而与妈妈失散的大熊猫幼崽，并最终帮助大熊猫幼崽回归自然，回到大熊猫妈妈身边的故事。

我们要尽量减少与野生动物的直接接触，这是在保护我们自己，同时也在保护野生动物。

上文我们说到"扩散"一词，我们的观察结果是：在一个繁殖季里，一只雄性大熊猫会尝试跟多只雌性大熊猫交配，而一只雌性大熊猫也有可能与多只雄性大熊猫接触，所有成年的在繁殖年龄的大熊猫都会参与繁殖。这跟动物园的情况是完全不同的。也就是说，在野外，所有的大熊猫都会繁殖，不会出现大熊猫不会繁殖的情况。

所以问题就出现了：为什么动物园的大熊猫不会繁殖？这可能有很多原因，例如，可能跟大熊猫在动物园的环境里没有学习到交配的技能有关。我们在野外实地观察时发现，一只雄性大熊猫的活动范围里往往同时有几只雌性大熊猫在活动。这只雄性大熊猫和它的活动领域的几只雌性大熊猫平时是有接触的，它们在树上留下标记，在繁殖季节它们通过响亮的叫声互相沟通。所以，平时通过闻味道它们就知道这个环境里面有几只成年的大熊猫，是雄性还是雌性。雄性大熊猫有时候会在自己的活动领域碰到另外一只雄性大熊猫，它们会打架，不仅平时打架，繁殖季节也会打架，繁殖的权利通常是通过争斗来获得的。虽然平时不怎么见面，但是在一定的空间内（我们称之为大熊猫社会），它们互相之间是知道彼此的。动物园可能缺乏这样的大熊猫社会，动物园的大熊猫幼崽在成长过程中缺乏对这样的大熊猫社会的了解，所以它们可能在繁殖（或者交配）方面缺乏相关的技能，它们缺乏这方面的知识和能力。这有可能是圈养大熊猫不会繁殖的一个原因。

动物取食、休息、交配、繁殖和巡游等活动所覆盖的区域被称为家域。

你知道可以用哪些方法研究动物的家域范围吗？

答案：利用无线电颈圈、GPS 颈圈等技术可以研究动物的家域范围。

你知道研究动物行为的学科叫什么吗？

研究动物行为的学科叫动物行为学，其研究的对象包括动物的沟通行为、情绪表达行为、社交行为、学习行为、繁殖行为等。由于动物行为学是对动物进行学习和认知等方面的研究，以及其与神经科学具有相关性，因此，动物行为学会对心理学、教育学等学科产生一定的影响。

当然，最近这些年圈养的大熊猫在繁殖方面有了很大的进步，但是这主要依赖的是技术的进步，因为很多圈养大熊猫的繁殖是靠人工授精完成的，能够自然交配的雄性大熊猫仍然很少。现状虽然比以前好很多，但是仍然不是每一只雄性大熊猫都会自然交配。大熊猫不会繁殖这个错误的印象是圈养大熊猫给人们留下的，并不代表野生大熊猫的情况。试想，存活了几百万年的一种动物怎么可能不会繁殖呢？如果它们不会繁殖，那应该早就被淘汰掉了。

## 大熊猫是否存在近亲繁殖的问题？

下面我们来看一下大熊猫的遗传多样性。在大熊猫的生活史上，它们曾经在中国的大部分地区都出现过。但是，在最近几百年，它们的生活范围缩减得严重，现在只在几个山系——秦岭、岷山、邛崃山、大小凉山、大小相岭有零星的分布。我们现在估计总共的野生大熊猫数量是 2000 只左右，并且被划分成 30 多个种群，所以有很多大熊猫种群的数量是非常少的。大熊猫是不是已经进入近亲繁殖的漩涡了呢？研究中，我们分析了它们粪便里的 DNA 和血液里的 DNA，采用了不同的研究指标，发现大熊猫的遗传多样性与其他几种食肉动物相比并不算低。

大熊猫及其他几种食肉动物的遗传多样性

| 动物种群 | 遗传多样性 | | |
|---|---|---|---|
| | 线粒体DNA限制性片段长度多态性 | DNA指纹技术 | 微卫星DNA |
| 大熊猫（Giant Panda） | 0.22 | 27.7～46.5 | 44 |
| 猎豹（Cheetah） | 0.18 | 43 | 44.3 |
| 美洲狮（Puma） | 0.35 | — | 35.7 |
| 豹（Leopard） | 1.3 | — | — |
| 黑背豺（Black Back Jackal） | 8 | — | — |
| 非洲狮（African Lions） | — | — | 37.3 |
| 塞伦盖蒂狮子（Serengeti Lions） | — | 49.1 | — |
| 吉尔森林狮（亚洲狮，印度）（Gir Forest Lions） | — | 2.9 | — |
| 家猫（Domestic Cat） | — | 44.9 | — |

［数据来源：Lu Z, Johnson WE, Menotti-Raymond M, et al. Patterns of genetic diversity in remaining giant panda populations［J］. Conservation Biology, 2001, 15(6): 1596–1607.］

表中数据是当时我做这个工作的时候已经做过研究的其他种群的遗传多样性的状况，这里面有近亲繁殖的种群，比如亚洲狮；也有非常健康的种群，比如塞伦盖蒂狮子。大家看一下大熊猫的遗传多样性的情况，比近亲繁殖的要高不少，跟健康的种群是可以比拟的。所以，从整个种群的水平上来说，大熊猫不存在近亲繁殖的问题。

| 探知无界 | 人与自然的共生之道

 **知识链接**

**遗传多样性**是指地球上所有生物所携带的遗传信息的总和。但一般说的遗传多样性是指种内的遗传多样性,即种内个体之间或一个群体内不同个体的遗传变异总和。遗传多样性是物种多样性和生态系统多样性的重要来源。遗传变异、生活史特点、种群动态及其遗传结构等决定或影响着一个物种与其他物种及与环境相互作用的方式。而且,种内的遗传多样性是一个物种对人为干扰进行成功反应的决定因素。种内的遗传变异程度也决定该物种的进化趋势。

后来又有其他的学者(比如中国科学院的**魏辅文**院士等)做了大量关于大熊猫遗传方面的研究工作,得到的结论是相同的,即大熊猫并不存在近亲繁殖的问题。

所以关于大熊猫的濒危,到目前为止我们已经可以回答最初提出的三个问题:大熊猫主要吃竹子可以存活;大熊猫在野外可以繁殖;大熊猫的种群虽然小,但是它们不存在近亲繁殖问题。因此,并不是大熊猫自身的问题导致其成为濒危物种。那么问题究竟是什么呢?

 **知识链接**

**魏辅文**,1964年4月出生于重庆市云阳县,保护生物学家,

| 第二讲 | 有关大熊猫的三个问题

世界科学院（发展中国家科学院）院士、欧洲人文和自然科学院（欧洲科学院）院士，中国科学院院士、中国科学院动物研究所研究员、博士生导师。魏辅文院士主要从事大熊猫、小熊猫等濒危动物保护生物学研究。

你能想到哪些导致大熊猫成为濒危物种的可能原因？

# 第三讲

## 人与自然和谐相处

前面我们了解了大熊猫成为一个濒危物种并不是因为它们自己的问题。保护大熊猫我们必须要对症下药，即要先找到大熊猫濒危的原因。大熊猫濒危的原因究竟是什么呢？

## 大熊猫濒危的原因

研究发现，从大熊猫化石开始到今天，大熊猫栖息地的范围是在不断缩减的。清朝末年，有一位叫阿尔芒·戴维的法国传教士在我国四川地区发现了大熊猫，并把一张大熊猫的皮送到了巴黎自然历史博物馆，从此科学界知道了大熊猫这个物种。当时人们认为大熊猫是长着黑白花的熊，并且由此命名了大熊猫的拉丁名。戴维当年在四川省雅安市宝兴县的邓池沟天主教堂记下了这样一段话：

经年累月，刀斧之声不绝于耳，在砍伐这些美丽的大树，这是中国仅剩的原始森林……

可见，我国在那个时候就存在大规模砍伐森林的情况了。

### 知识链接

阿尔芒·戴维（也译作阿曼德·戴维，1826—1900年），中文名叫谭卫道，法国天主教遣使会会士，动物学家、植物学家，大熊猫和麋鹿发现者。

| 探知无界 | 人与自然的共生之道

清朝之前我国的人口一直不到 2 亿，但是在清朝统治期间，我国人口激增，甚至达到了 4 亿。在人口迅速增长的背景下，人们对粮食、土地、物资的需求成倍增加，所以刀斧之声不绝于耳，是可以理解的。这样的进程实际上一直延续到 20 世纪末。

研究数据显示，从 20 世纪 70 年代至今，大熊猫活动的面积是在缩减的，而且变得越来越破碎。这是生境破碎的一个典型例子。

生境破碎是指由生物栖息地被分隔致使生物种群被分割的现象。生境破碎通常指的是由于人类活动（如开拓农田、修建道路等改变土地用途的活动）造成的生物栖息地分隔，这些活动会使生物栖息地被大幅干扰，并导致物种或种群减少、生物死亡率增加及迁移率下降等。生境破碎导致的栖息地环境快速改变是生物多样性降低和物种灭绝的重要因素之一。

我于 1985 年去野外工作后，在 20 世纪 90 年代初就看到了这样的情况。我们刚到林业局工作时，林业局采取的木材砍伐方式叫择伐，即在一片森林里选择砍伐一些大的树，留下 40% 的树让它们继续生长，所以森林的整个面貌基本上是没有变的。因为竹子更喜欢阳光，所以我们发现在刚刚被采伐过的森林里面竹子反倒长得更加茂盛了。所以，往往在刚采伐完之后的两三年会有更多大熊猫在这些被采伐过的森林里活动。当时我们还写了一本书——《秦岭大熊猫的自然庇护所》。当时我们认为，如果人们保持这样的有节制的采伐方式，森林的采伐是不会影响大熊猫的生活和生存的。

但事实证明我们想得太好了。计划经济条件下，林业局采伐的木材都由国家收走，工人只拿固定的工资，所以林业局伐得多，工人也不会挣得更多。但是在市场经济条件下，林业局采伐的木材越多，其收益就越大。于是不久后，我工作地附近的森林就开始被采伐了。前面我们介绍过，当时我们在大熊猫脖子上戴了无线电颈圈，然后我们会拿着无线电探测仪到森林中探听大熊猫的信号。森林被大面积采伐后我们能探听到的大熊猫的信号就很有限了。

## 我们的行动

当时看到这样的情况时我们都傻眼了，我们每天跟踪了解亲如家人的这些大熊猫和它们的后代没有地方生活了。有一年，我们跟踪的大熊猫娇娇要产崽，正好赶上它生活的那片森林被列入采伐计划，所以我就去问森林工业队的人能不能不要砍，因为娇娇要产崽。当时我问的那位队长人挺好的，他考虑了一下说："大熊猫不是两年产一次崽吗？那今年我们就先采伐对面那片森林，明年它不产崽的时候我们再来采伐这片森林。我当时一听，心想他是好心，但是后年它又要产崽的时候又该怎么办呢？它终究要失去家园呀。

可见这个问题并不是一个队长能够解决的，于是我们就开始向省里的森林工业局，甚至向林业部反映这个情况。当时很多人都跟我们说这也是没办法的事，因为要养活好多人。比如我当时所在的长青林业局就有2000多名工人，同时还有2000多名民工，所以当时当地要养活4000多人。

我们当时也挺坚持的，就一门心思想要保护这儿只大熊猫，最后，无奈之下我给国家领导人写信反映了这个情况，没有想到在一个月之内就有了回音。国家领导人对此做了批示，财政部拿出2000多万，同时世界银行的一个项目也拿出2000多万，共同组建了一个基金，让这个林业局转型，将当地改为一个保护区。1995年的时候，这个地方变成了长青保护区。

但是，还有一个很大的问题，就是那些工人怎么办？当时这些人其实都已经是我的朋友了，我跟他们朝夕相处了很多年。这些朋友中很多人拿了一笔遣散费或者一笔退休金回家了，还有些人到别的企业去工作了。换了工作的人后来有些人处境还好，有些人因为之后的工作单位也不行，最后只好回家了。

我了解到这些情况之后心里也很内疚。这种情形（为了保护大熊猫，这些当地靠森林生存的人就得失业回家吗？）对我来说始终是一个难题，这成为我后来实施保护行动的动力之一。但是在这之前，我们在向很多人反映大熊猫的情况时，他们中很多人会说："你们科学家根本不了解现实生活是怎样的。""养活这么多人是多么难的一件事情！""站着说话不腰疼。"这些话对我产生了很大的影响。

博士后毕业之后，我选择一边在北大教书，一边参与保护大熊猫的实践。我加入了一些大熊猫保护组织，时常到野外去开展保护大熊猫的实践工作。当时我的一个愿望就是要把大熊猫濒危的原因一一分析清楚，然后针对具体问题实施有效的保护活动。我觉得解决办法中肯定少不了对当地人的生存需求的考虑，这其实也是对当时别人说的"站着说话不腰疼"的一个回应。

1995年我刚博士后毕业的时候，长青虽然变成了保护区，但是其他还不是保护区的大熊猫栖息地，森林砍伐并未停止。我知道不可能所有的森林保护问题都靠给领导写一封信来解决，必须解决怎么能不砍伐这样一个问题。

当时我们分析了大熊猫濒危的原因，认为其实是两个主要的原因造成了大熊猫濒危：一个是栖息地面积在不断地减小，这主要是森林砍伐导致的，实际上从传教士戴维在中国那个时候起森林砍伐就一直在持续进行；另外一个是依然存在猎杀大熊猫的现象。

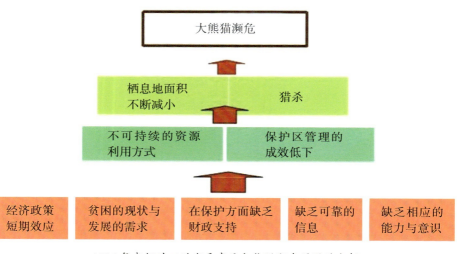

1996年我们对四川省平武县大熊猫濒危原因的分析

再深入探究，我们认为这些地方需要发展经济，因为当地有那么多人需要生存。同时，保护区工作人员的生活也非常贫困，他们的生活条件也需要改善。所以，最根本的问题是保护和发展的矛盾问题。

砍伐森林卖木材都是谁受益了呢？仔细分析，我们发现直接受益者是林业公司、当地参与采伐的老百姓和承包商，以及政府等。政府的财政又花到哪了呢？教育、就业、医院、社会福利等都是靠政府的财政收入来支撑的。

| 第三讲 | 人与自然和谐相处

因此，要想停止森林砍伐，就要寻找能够替代木材的经济来源。

我们在县里面上上下下地找，也没有找到可替代的经济来源，因为没有一个经济来源能够像卖木材这样大量、快速地转化成现金。但我们仍然想做一些尝试，一开始我们尝试做生态旅游以及林下的一些产品，虽然规模没有木材那么大，但是在短期内还是有一些效果的。然而这些还不能完全替代

| **探知无界** | 人与自然的共生之道

木材带来的收益。所以我当时产生了很强的无力感，我们有很多的热情，也愿意出力，不是仅仅站着说话，但仍然不能完全解决问题。

罗春平 摄

1998年，我国遭遇了一场全国范围的洪灾，人民的生命和财产遭受了巨大的损失。那场洪灾让很多人开始反思为什么会有这么大的洪水。而当时也正是国内木材采伐最剧烈的年份，于是很多人就开始认为洪水与木材采伐有关，即跟上游森林砍伐造成的水土流失有关。暴雨本身可能只是一个自然现象，但是出现全国大范围的洪灾可能就跟全国范围的天然林的砍伐有关了，尤其是大江大河上游天然林的砍伐。所以最终并不是大熊猫，而是灾害让人们反思自己的行为。也就是在那一年，国务院发布了"天然林停伐"的命令。这从根本上改变了大熊猫栖息地迅速丧失的局面。

天然林停伐

我们付出很大努力，虽然没有能阻止天然林采伐的步伐，但是我觉得我们所做的尝试和付出的努力仍然是有价值的。国务院发布"天然林停伐"命令时，我在平武县，记得当时我非常高兴，但同时感到了自己的渺小。仅靠我们个别人的努力实际上是没有办法解决那么大的问题的,只有政府下决心才有可能解决森林砍伐的问题。这是后来大熊猫栖息地得到改善的根本原因。

天然林停伐这件事是一个标志性的事件,我认为在中国的自然保护史中,它从根本上改变了人们对自然的态度。当时,就像当年补贴长青林业局那样,政府拿出了一大笔钱来补贴森林工业局转产,指导他们转化成森林的保护者,即从砍伐人转化成保护人。这里涉及的不是几千人、几万人,而是几十万人,需要的是一大笔钱,只有政府能拿出这笔资金来。那个时候我国财政还没有后来那么强大,但仍然决定要拿出一大笔钱保护森林,这是让人感慨和觉得特别了不起的一个行动。更进一步地,不仅解决资金的问题,政府还把保护森林列为对各级政府进行政绩评估的一个要素。例如,如果哪个县上报自己已经停伐了,却被发现仍然在砍伐的话,那么这个县的县长就会被免职。这些举措让人们对自然的态度发生了根本性的改变。最近的这20多年,我国政府在环境保护方面的投入逐渐加大,效果也不断提升。

作为学生的我们,在环境保护方面能做哪些力所能及的事情呢?

在保护大熊猫方面，另外一个举措就是停止了猎杀。20世纪90年代初的时候曾经有过几个案子把走私大熊猫作为走私罪中最严重的一种类型来进行惩罚，甚至会判无期徒刑或死刑。在这样的处罚警示下，到20世纪90年代末的时候，猎杀大熊猫的行为基本上停止了。然而偷猎其他动物的现象依然存在，有的时候大熊猫也会被误伤到，但对整个大熊猫种群的影响已经大大减少了。

但是，人们对于大熊猫栖息地的影响并没有因此完全停止。我的学生曾做过一个关于1988—1998年、1998—2008年这两个时间段四川省平武县的大熊猫栖息地的变化研究，发现其中有很多方面变好了，比如说小路变少了，这跟天然林停伐有关系，因为停伐后很多进入森林里面的小路就不再用了。但是，也有一些方面不如从前了，比如水电站变多了，城镇对林区的影响变大了，大型的公路变多了，等等。天然林停伐之后，人类在林区的活动并没有停止，老百姓的生活仍然是要继续的。人们的生计如果仍然依靠大山，如从山上偷着砍几棵树或者打一点猎，或者在山上放羊，那么对森林的影响还是很大的。那怎么办呢？因此还要继续帮助生活在大熊猫分布区里的老百姓寻找替代经济来源，寻找对大熊猫友好的生活方式。

| 探知无界 | 人与自然的共生之道

## ▦ "熊猫蜂蜜"的故事

我给大家讲一个关于"熊猫蜂蜜"的故事。仍然是在四川省平武县,在几个保护区之间有一个村子叫关坝村,这里的老百姓祖祖辈辈靠山吃山。他们主要的生活来源就是到山上打点猎物或伐些木头,天然林停伐以后,他们的生活就变得很困难。虽然有些人也靠养些羊等赚点钱,但是他们村附近是平武县县城的一个水源地,养羊会污染水源。

怎么办呢?我们跟当地老百姓一起商量,决定开始尝试蜂蜜这个产品。蜂蜜听起来是一个几乎完美的产品,因为产蜜的蜜蜂同时是传花授粉的昆虫,很多植物是靠昆虫来传粉的,蜜蜂是可以传粉的昆虫之一。关坝村的村民选择养的蜜蜂是中华蜜蜂,就是我国的本土蜜蜂。我们平时在超市里买的蜂蜜一般是由意大利蜂产的,意大利蜂大概是一两百年前被引进到我国的。这种蜜蜂被引入后对我国的本土蜜蜂有一定的侵略性(这被称为"生物入侵"),因为它们个头大又比较凶狠,它们所到之处,当地的土蜂就会退却。再加上农药、化肥等的影响,中华蜜蜂后来就都退缩到深山里面了。关坝这些地方是有本土的中华蜜蜂的,所以养中华蜜蜂相当于回放到大自然中更多中华蜜蜂的"种子"。中华蜜蜂产的是百花蜜,也就是说大熊猫栖息地里面的野生植物是蜜蜂的蜜源,

| 第三讲 | 人与自然和谐相处

因此这也促进了大熊猫栖息地的生物多样性的良性发展。好的森林会有好的蜜源，好的蜜源才会生产出好的蜂蜜。

 知识链接

生物入侵是指生物由原生存地经自然的或人为的途径侵入另一个新的环境，对当地的生物多样性、农林牧渔业生产以及人类健康造成负面影响，给当地带来经济损失或生态灾难的过程。对于特定的生态系统与栖息地来说，任何非本地的物种都叫作外来物种（Alien Species）。入侵的外来物种一般具有生态适应能力强、繁殖能力强、传播能力强等特点。被入侵的生态系统一般具有有足够的可利用资源、缺乏自然控制机制、人类进入频率高等特点。外来物种的"外来"是以生态系统来定义的。

| **探知无界** | 人与自然的共生之道

　　那么接下来的问题就是蜂蜜能不能挣钱了。我们成立了一个公司来帮助当地的老百姓卖蜂蜜，在这个过程中我们也协助村民成立了一个养蜂合作社。除了我们帮村民卖蜂蜜以外，村民自己也会寻找蜂蜜市场和销路。养蜂其实是当地老百姓以前就做过的事情，但是因为市场不好，卖不了多少钱，比如，一斤装的一瓶蜂蜜以前只能卖5块钱，这点钱连村民坐车到城里去一趟的车费都不够，所以后来村民养蜂割蜜一般就是自己吃，很少拿到市场去卖。有了养蜂合作社后，这个村子就算有了一个养蜂的产业，虽然后来他们的蜂蜜可能卖得也不是很好，但是与之前相比，价格大大地提升了，一部分人从中获得了收入。

　　"熊猫蜂蜜"这件事情不仅使村民有了一个小小的产业，而且生态友好的事情被外界知道后村民获得了更多的支持，包括政府的支持、企业的支持、非政府组织的支持。在这样的鼓励下，一群当地的年轻人就回乡了。有了年轻人，就有了更多的想法。

　　做蜂蜜这个产业一开始就是想寻找一个生态友好的生计，但是没想到一步一步演化出了一个更精彩的故事。不少年轻人回乡以后，觉得养蜜蜂这事对生活有好处，因为既可以产生收益，又对保护生态有利，因为让家乡更美也是他们的愿望，于是他们决定把村子周边的森林，即他们的村有林变成一个保护小区,也就是说他们要自发地成立一个保护小区。当地政府知道以后,认为他们这个做法很好,并且提出他们可以将他们村子后面的一大片国有林一起保护起来。保护森林、保护国有林一般是有经费的,于是这个村子就得到了一笔政府划拨的保护森林的经费,这个经费甚至比他们卖蜂蜜的钱还要多。他们成立的保护小区就叫作"关坝流域保护小区",由村民自己来管理。

这可能是我国由村民自己决定做保护,并且成立保护小区的比较早的几个例子之一。成立了保护小区以后,大家发现大熊猫和其他动物都开始多起来了。于是大家就想再做点别的事情,于是讨论时,就有人提出可以凭借好的森林、好的水,以及能够看到动物等有利条件来搞生态旅游,把家乡打造成一个自然教育、自然体验的基地。当时正好赶上国家出台了扶贫和乡村振兴政策,于是这个想法成了生态扶贫的一个典范。接着国家投资在这个村子里面建了一些可以住宿的地方,为之后做生态旅游和自然体验打下了非常好的基础。这个村子就一步一步从一瓶蜂蜜开始,逐渐变成一个其他村子都非常羡慕的靠生态友好产业来支持生活的村子。

你知道生态旅游和普通旅游最大的区别是什么吗?

| 探知无界 | 人与自然的共生之道

生态旅游以可持续发展为理念，以保护生态环境为前提，以统筹人与自然和谐发展为准则，依托良好的自然生态环境和独特的人文生态系统，采取生态友好方式开展生态体验、生态教育、生态认知。在生态旅游中人们往往能获得身心愉悦的体验。

"生态旅游"这一术语由世界自然保护联盟于1983年首先提出，它更强调对自然景观的保护。

| 第三讲 | 人与自然和谐相处

当然农业仍然是一个基础。除此以外,他们又觉得养鱼也是一个不错的选择。曾经村子附近的河里面有很多珍稀的本地的鱼,但是由于下毒和捕捞,后来没有了。于是他们又从其他村子把鱼苗引回来。因为一斤鱼可以卖到八九百块钱,所以养鱼可能会带来不少收益。但是因为怕别人来偷,每天晚上村民都要去巡护。不过经过这些年的巡护以后,他们反倒有点舍不得捞了。前面我们说到生物多样性提高以后,人们生活中的选择机会就会变多。我想他们现在就有了更多的选择。

在关坝村,最早回乡的一名青年叫李芯锐,他回乡之前在城里当厨师。我问他:"在城里当厨师挣钱多还是回乡后挣钱多?"他说:"当然是在城里做厨师挣钱多了。"我接着问他:"你觉得回乡划算吗?"他想了想说:"二者还是不一样的,当厨师是在给别人打工,很多事情是没有自主权的,现在是在给家乡做事情,给自己做事情,而且能陪伴家人,这个感受是有个人尊严的。"

这个例子对我的启示是,钱可能只是人们追求的一方面,人们更看重的、对人们更有吸引力的实际上是一个良好的生活状态。哪怕是贫困地区的人们,其精神上的需求并不比金钱少。所以在我们考虑怎么帮助贫困地区,怎么协调人与自然的关系的时候,精神的需求、尊严的需求也是非常重要的考虑因素。这样的例子让我试图想要回答最早的那个问题,即人与自然和谐共生能不能成为现实？从关坝村的例子我们看到了这种可能性，这对我是一个非常大的启发，让我对人与自然的和谐共生有了更大的信心。

你认为还有哪些方式有助于人与自然和谐共生？

## 大熊猫"降级"啦！

在政府的保护、村民的参与以及社会各界的努力下，大熊猫的保护工作取得了一定成功。2016年，世界自然保护联盟宣布大熊猫的濒危级别从"濒危"降到了"易危"。这是一件好事，但是这并不意味着从此我们可以高枕无忧，不用再关心大熊猫了。在大熊猫栖息地，仍然有很多开发活动在进行，如上文提到的公路建设等。所以我们还得继续思考怎样把生活在大熊猫栖息地的人们的生活、发展跟大自然协调起来。类似关坝村这样的例子需要更多。好消息是周边的村子看到关坝村的成绩，看到关坝村不断地被外界报道，回乡青年的自我价值的实现等，他们觉得自己也可以，觉得关坝村可以做的，他们的村子也可以做。所以后来不断地有其他村子开始做类似的事情。于是，很多保护小区开始建立起来，

| 探知无界 | 人与自然的共生之道

大熊猫保护区逐渐形成了一个新的国家公园，而这个国家公园里面住着十来万老百姓。如果每一个村子都能够成为一个关坝村，整个大熊猫栖息地质量下降、栖息地破碎化这些问题就有希望得到解决。现在，大熊猫仍然面临着小种群风险，有一些小种群可能很难跟大的栖息地再联系起来了。所以，大熊猫保护工作仍然很艰巨。

 知识链接

**世界自然保护联盟**于1948年10月建立，是世界上最大的自然保护团体。世界自然保护联盟自20世纪60年代开始发布世界濒危物种红皮书，根据物种受威胁程度和估计灭绝风险将物种列为不同的濒危等级。世界自然保护联盟发布世界濒危物种红皮书有三个目的：一是唤起世界人民对野生物种生存现状的关注；二是提供数据供各国政府和立法机构参考；三是为全球的科学家提供有关物种濒危现状和生物多样性基础数据。

物种濒危共有以下九个等级：

（1）灭绝：如果某个生物分类单元的最后一个个体已经死亡，则列为灭绝。

（2）野外灭绝：如果某个生物分类单元的个体仅生活在人工栽培和人工圈养状态下，则列为野外灭绝。

（3）极危：野外状态下某个生物分类单元灭绝概率很高时，则列为极危。

（4）濒危：某个生物分类单元，虽未达到极危的标准，但在可预见的不久的将来，其野生状态下灭绝的概率高，则列为濒危。

（5）易危：某个生物分类单元虽未达到极危或濒危的标准，但在未来一段时间其在野生状态下灭绝的概率较高，则列为易危。

（6）近危：某个生物分类单元虽不符合极危、濒危或易危的标准，但经过评估，其在不久的将来可能会符合受威胁等级的标准，即未来一段时间内濒危程度可能会发展到易危、濒危或极危等级，则列为近危。

（7）无危：经评估，某个生物分类单元的濒危程度未达到极危、濒危、易危、近危的标准，其种群数量相对稳定，分布范围较广，目前没有面临明显的灭绝威胁，则列为无危。

（8）数据不足：对于某个生物分类单元，若无足够的资料对其灭绝风险进行直接或间接的评估，则列为数据不足。

（9）未评估：未应用有关世界自然保护联盟濒危物种标准评估的生物分类单元列为未评估。

也许有人会问，我们为什么要在大熊猫保护上投入这么多的资源、这么多的精力呢？首先，这不是我们选择的，也不是大熊猫自己想要这么被保护的，而是人们对大熊猫的喜爱使得大熊猫承担了所谓旗舰物种这样的责任。而保护大熊猫也是有很多价值的，魏辅文院士曾做过计算保护大熊猫价值的研究，他以2010年为例计算了一下，发现保护大熊猫以后所产生的一系列森林保护、水土保持、生态旅游、碳封存等的价值合计是26亿美元，相比之下，当年保护大熊猫的花费比这个要

| **探知无界** | 人与自然的共生之道

少得多。所以从金钱上来说我们保护大熊猫是一件划算的事,只不过保护大熊猫的上述价值可能还没有完全在市场上得到兑现,没有得到现款的偿付,但是它的价值我们是认可的。

罗春平 摄

| 第三讲 | 人与自然和谐相处

我们刚才说到了旗舰物种，因为保护大熊猫客观上就起到了保护生活在同一个区域的其他物种的作用，而这个区域是个什么样的区域呢？中国的西南山地，是全球生物多样性热点地区之一，是我国最主要的一个全球生物多样性热点地区，这里生活着大量我国特有的其他类群的生物。随着大熊猫保护工作的开展，这些生物也得到了保护。所以保护大熊猫的确能够起到"伞"一样的作用，能够让同一区域的其他物种都得到保护，这也是大熊猫保护工作的一个价值。

保护大熊猫的故事仍然在进行着，关坝村的村民在不断琢磨做更多的事情。关坝村的效应也在其他村子里扩展，在大熊猫栖息地以外的区域出现更多的关坝村是我们的希望。所以最终大熊猫和人类是能够继续共同和谐地生存下去的，我对这件事情已经没有怀疑，更有信心了。但是，如果是其他生物，没有大熊猫这么漂亮、这么可爱的生物，它们能跟人类一起和谐地生存下去吗？我想这需要我们做出更大的努力。

## 北大附中简介

北京大学附属中学（简称北大附中）创办于1960年，作为北京市示范高中，是北京大学四级火箭（小学－中学－大学－研究生院）培养体系的重要组成部分，同时也是北京大学基础教育研究实践和后备人才培养基地。建校之初，学校从北京大学各院系抽调青年教师组成附中教师队伍，一直以来秉承了北京大学爱国、进步、民主、科学的优良传统，大力培育勤奋、严谨、求实、创新的优良学风。

60多年的办学历史和经验凝练了北大附中的培养目标：致力于培养具有家国情怀、国际视野和面向未来的新时代领军人才。他们健康自信、尊重自然，善于学习、勇于创新，既能在生活中关爱他人，又能热忱服务社会和国家发展。

北大附中在初中教育阶段坚持"五育并举、全面发展"的目标，在做好学段进阶的同时，以开拓创新的智慧和勇气打造出"重视基础，多元发展，全面提高素质"的办学特色。初中部致力于探索减负增效的教育教学模式，着眼于学校的高质量发展，在"双减"背景下深耕精品课堂，开设丰富多元的选修课、俱乐部及社团课程，创设学科实践、跨学科实践、综合实践活动等兼顾知识、能力、素养的学生实践学习课程体系，力争把学生培养成乐学、会学、善学的全面发展型人才。

北大附中在高中教育阶段创建学院制、书院制、选课制、走班制、导师制、学长制等多项教育教学组织和管理制度，开设丰富的综合实践和劳动教育课程，在推进艺术、技术、体育教育专业化的同时，不断探索跨学科科学教育的融合与创新。学校以"苦炼内功、提升品质、上好学年每一课"为主旨，坚持以学生为中心的自主学习模式，采取线上线下相结合的学习方式，不断开创国际化视野的国内高中教育新格局。

2023年4月，在北京市科协和北京大学的大力支持下，北大附中科学技术协会成立，由三方共建的"科学教育研究基地"于同年落成。学校确立了"科学育人、全员参与、学科融合、协同发展"的科学教育指导思想，由学校科学教育中心统筹全校及集团各分校科学教育资源，构建初高贯通、大中协同的科学教育体系，建设"融、汇、贯、通"的科学教育课程群，着力打造一支多学科融合的专业化科学教师队伍，立足中学生的创新素养培育，创设有趣、有价值、全员参与的科学课程和科技活动。